Wilma Wiegmann
Leben – Licht – Farbe

Wilma Wiegmann
Leben – Licht – Farbe

Herz- und Diabeteszentrum
Nordrhein-Westfalen
Universitätsklinik der Ruhr-Universität Bochum

Der Katalog erscheint anlässlich der Ausstellung: *Wilma Wiegmann. Leben – Farbe – Licht. Retrospektive zum 90. Geburtstag* im Kunstforum des Herz- und Diabeteszentrums NRW in Bad Oeynhausen, 24. August bis 9. November 2003.

Konzeption
    Elisabeth Dedring, New York
    Anja Brandt, Bad Oeynhausen
Lektorat
    Tanja Kemmer, Bielefeld
Gestaltung
    Andreas Koch, Bielefeld
Fotografie
    Brigitte Wegner, Bielefeld
    Kurt Mahler, Bielefeld
    M. Cyril Morris, New York
Gesamtherstellung und Vertrieb
    Kerber Verlag
    Windelsbleicher Straße 166–170
    33659 Bielefeld
    www.kerber-verlag.de
Umschlag
    Detail aus *Gelber Himmel*, 2000,
    Acryl auf Leinwand, 110 × 100 cm
Frontispiz
    Heißer Sommer, 2001, Acryl auf
    Leinwand, 130 × 110 cm

Alle Rechte, insbesondere das Recht auf Vervielfältigung und Verbreitung sowie Übersetzung, vorbehalten. Kein Teil dieses Werkes darf in irgendeiner Form ohne schriftliche Genehmigung des Verlages reproduziert werden oder unter Verwendung elektronischer Systeme verarbeitet, vervielfältigt oder verbreitet werden.

© Kerber-Verlag, Bielefeld 2003
und die Autoren

ISBN 3-936646-23-6
Printed in Germany

Inhalt

7 OTTO FOIT, ANJA BRANDT
Wilma Wiegmann
Retrospektive
zum 90. Geburtstag

9 TANJA KEMMER
Farbe und Licht

37 MANFRED STRECKER
Blumenstücke

55 MANFRED STRECKER
Megalopole
New Yorker Erfahrungen

73 UWE-C. MOGGERT-SEILS
Ein großes „Dennoch"

92 WILHELM PETERS,
HEINZ-JÜRGEN LUCKAU
Das Auferstehungsfenster

105 HEIDI WIESE
Der sichere Blick
für das Wesentliche

127 Lebensdaten

Abstrakt, 2003, Acryl auf Leinwand, 130 × 110 cm

Wilma Wiegmann Retrospektive zum 90. Geburtstag

Wilma Wiegmann ist ein Mensch mit dem Blick für das Wesentliche. Wenn man sie in ihrer Welt kennen lernt, fragt man sich, wie macht sie das? Hier ist eine Künstlerin, die 90 Jahre alt wird, aber noch mitten im Leben steht, die sich noch immer in Frage stellt, neue Wege sucht, um eine Welt der Farben zu gestalten; eine Frau, die an ihren Mitmenschen interessiert ist und in ihrer Lebensfreude anderen Mut macht. „Ich konzentriere mich auf das, was mir Kraft gibt", sagt sie gern von sich und öffnet für uns eine Welt von Licht und Farbe, die als retrospektiv angelegte Ausstellung „Wilma Wiegmann – Ein Leben in Licht und Farbe" im Kunstforum des Herz- und Diabeteszentrums NRW in Bad Oeynhausen zu sehen ist.

Wilma Wiegmanns künstlerische Entwicklung fand in der Auseinandersetzung mit den Strömungen und Stilrichtungen des 20. Jahrhunderts statt: Besonders die kompositorischen Mittel des abstrakten Expressionismus beeinflussten sie. Ihre eigene künstlerische Sprache entwickelte Wilma Wiegmann in der eingehenden Beschäftigung mit der Natur und dem urbanen Umfeld. Ihre Wahrnehmung und Verarbeitung der sichtbaren Welt spiegelt sich in der Vielfältigkeit ihrer Themen wider. Trotz Reduzierung der Form lassen sich die Bilder „gegenständlich" wie auch „abstrakt" lesen. In erster Linie ist es jedoch die auffallende Mannigfaltigkeit des Lichtes, die den Arbeiten einen Reiz des Unbestimmten und den Hauch des Lebendigen verleiht. Es ist dieser in Farbmaterie gewandelte atmosphärische Widerschein, der die Formen auflöst, und in eine malerische Konzentration mündet, die uns in Wilma Wiegmanns Bildern das Unendliche ahnen lässt.

Sie schafft Bilder, die mehr vermitteln als nur Motive – sie sind Destillate von Momenten, von Atmosphäre, von Spannung, die vom Betrachter erlebt und gefühlt werden. Bilder, in die man immer tiefer hineinschauen kann. Bilder von einer positiven Ausstrahlung, Bilder voller Lyrik und musischer Klänge. Bilder, aus denen der Betrachter Lebensfreude gewinnt.

Wilma Wiegmanns unermüdliche, konzentrierte Auseinandersetzung mit der Malerei fußt in der Leidenschaft für das Leben als solches und der Verarbeitung ihres eigenen Lebens. Es offenbart sich eine Lebensgeschichte, bei der nicht nur das Werk der Künstlerin interessant ist, sondern die Künstlerin selbst und ihre Reflexion der Umwelt. Eine Malerin, die sich trotz vieler Unwägbarkeiten und Hürden ihre künstlerische Unabhängigkeit bewahrt und dabei erfolgreich einen großen Kreis von „Bilderfreunden" um sich geschaffen hat.

DR. OTTO FOIT	ANJA BRANDT M. A.
Geschäftsführer	Kunstforum
Herz- und Diabetes-	Herz- und Diabetes-
zentrum NRW	zentrum NRW

Ouvertüre – Mittsommernacht, 2001, Acryl auf Papier, 32,5 × 25,5 cm

TANJA KEMMER

Farbe und Licht

Es wirft gewisse Schwierigkeiten auf, die Malerei der Künstlerin Wilma Wiegmann als „abstrakt", „gegenstandslos" bzw. als „realistisch", „konkret" oder „abbildend" zu bezeichnen. Sämtliche dieser Begriffe sind so zutreffend wie gleichzeitig auch verfehlt.

Kunst, die nicht unzweifelhaft etwas abbildet, wird in der Regel mit dem Attribut „abstrakt" versehen. Der lateinische Ursprung dieses Begriffs, „abstrahere", bietet eine Reihe von Bedeutungsmöglichkeiten an, wie zum Beispiel „abziehen", „weglassen" oder gar „entfernen". Übertragen auf die bildende Kunst wäre dann die künstlerische Abstraktion die Reduktion des oder vom Gegenständlichen. Nun definiert sich Abstraktion aber auch als eine Form der Verallgemeinerung, als reines Denkergebnis, mitunter gar als unanschauliche, reine Theorie. Heißt dann also Abstraktion im Hinblick auf bildende Kunst jeglicher Verzicht auf Konkretion und Gegenständlichkeit?

Im durchaus nicht genormten Begriffskanon der Kunstgeschichte wird als Gegenstück der abstrakten die so genannte realistische oder, besser ausgedrückt, naturalistische Kunst angeführt und bezeichnet in der Regel eine Darstellung, die sich so nah wie möglich an die natürliche, gegebene Vorlage, das Modell hält. Nun muss man allerdings entgegenhalten, dass selbst bei größter künstlerischer „Könnerschaft", gar bei fotorealistischem Ergebnis, die Darstellung immer eine Mimesis, eine Illusion von Wirklichkeit bleibt, da reales Objekt und Abbild nicht identisch sind.

Bis etwa zur Mitte des 19. Jahrhunderts wurden etwa Landschaften nicht so abgemalt, wie sie sich dem Auge realistisch präsentierten, sondern man verwendete in der Regel Skizzen eines großen Repertoires von Naturdetails wie Bäumen, Blumen oder Bergen, die als Versatzstücke zu zusammenhängenden Kompositionen gefügt wurden. Die Künstler skizzierten zwar nach der Natur im Freien, gestalteten die eigentlichen Gemälde aber später im Atelier aus Einzelmotiven, um so eine gewissermaßen nicht reale, sondern ideale Landschaft zu schaffen.

Ist Realismus also eine Frage der Definition? Ist nicht gar jede Form künstlerischen Ausdrucks – unabhängig ob „realistisch" oder „abstrakt" – per se eine Abstraktion, da der Künstler in irgendeiner Weise reale Erfahrungen, Objekte, Erscheinungen in eine künstlerische Ebene überträgt, die neben der realen, greifbaren Welt besteht? Dennoch ist das künstlerische Objekt – weil real vorhanden und sichtbares Manifest der Idee des Künstlers – Teil dieser Realität.

Was ist denn nun „abstrakte" Kunst? 1925 wendet sich Theo van Doesburg, einer der Führer der „De Stijl"-Bewegung, gegen den Begriff „abstrakt":

„Auf der Suche nach letzter Reinheit waren die Künstler gezwungen, die Naturformen, die die rein bildnerischen Elemente verdeckten, ganz auszuschalten und die ‚Naturformen' durch ‚Kunstformen' zu ersetzen. Konkrete Malerei also, keine abstrakte, weil nichts konkreter, nichts wirklicher ist, als eine Linie, eine Farbe, eine Fläche. Es ist das ‚Konkretwerden' des schöpferischen Geistes."[1] 1935 prägt Max Bill den Begriff „Konkrete Kunst" und definiert ihn als „... reines spiel von form und farbe, ohne den äußeren zwang etwas anderes zu sein wie dieses, und einzig und allein zum zweck, durch seine existenz zu erfreuen."[2] Paul Gauguin betont allerdings schon um 1900: „Sehen Sie, ich kann sehr wohl die Bedeutung der Worte ‚abstrakt' und ‚konkret' im Wörterbuch verstehen, in der Malerei erfasse ich sie nicht mehr."[3] Fast hundert Jahre später, 1991, stellt der Kunsthistoriker Hubertus Gaßner fest: „[Es gibt] die Abstraktion heute sicher nicht mehr [...]. Zugespitzt könnte man sagen, es gibt heute so viele Theorien der Abstraktion, wie es abstrakt arbeitende Künstler gibt."[4]

Ouvertüre – Tanz, 1999, Acryl auf Papier, 31 × 21 cm

In ihrer frühen Schaffensjahren führte Wilma Wiegmann die künstlerische Beschäftigung mit Objekten der Realität, sprich mit deren sichtbaren und haptisch fühlbaren Motiven, zu einem Weg der malerischen Abstraktion, im Sinne der Vereinfachung und Reduktion auf das Wesentliche hin zur Essenz dessen, was sie auszudrücken trachtete. Im Laufe des Schaffens hat sich diese Herangehensweise gewandelt, sind es die Farben, die sich ihr optisch, über bestimmte Objekte der Realität, präsentieren – in der Regel in der Natur, in den Blumen, deren Farbreinheit und Spiel mit dem Licht nirgends sonst so prägnant zu sehen sind.

Ouvertüre – David, 2002, Acryl auf Papier, 31 × 21 cm

Meine Welt sind meine Farben, das Licht – nicht ohne das Dunkel – die Rhythmen, die Dynamik, das Leben mit seinen Höhen und Tiefen ... der Mensch. WILMA WIEGMANN

Es ist somit die Farbe, die mehr und mehr zum Impuls und Ausgangspunkt für ein Gemälde geworden ist, und dessen kompositorisches Endresultat selten von vornherein feststeht. Zu Beginn entstehen häufig die von Wilma Wiegmann selbst so bezeichneten Ouvertüren, kleinformatige, farbintensive Kompositionen, die aus dem Augenblick, einer Idee, einer Pinselbewegung heraus entstehen, denen deutlich der Duktus, die Materialität der Farbe und nicht zuletzt der spontane Impuls anzusehen sind. Ohne Vorbereitung, fast wie von selbst, manifestieren sie sich als malerische Notationen. Gleichsam als „Öffnung" oder „Eröffnung" – bedenkt man besonders die Entlehnung aus dem französischen Begriff „ouverture" – leiten sie mitunter neue Arbeits- oder Werkphasen ein, ohne im traditionellen Sinne als vorbereitende Skizzen zu dienen.

Wilma Wiegmanns Malerei basiert auf der Farbe, die wiederum untrennbar mit dem Licht verbunden ist. Licht ist hier allerdings nicht als mehr oder weniger realistische Lichtquelle oder traditionelles Medium der Ausleuchtung innerhalb der Komposition zu verstehen, sondern als bildimmanente Qualität im Zusammenspiel mit Farbe: Die Künstlerin verstärkt die hell leuchtende Wirkung durch den Gebrauch von Titanium-Weiß, durch das Mischen einzelner Farben und das Nebeneinander- bzw. Übereinanderlegen von lasierend-transparenten und pastosen Farbschichten. Licht dient nicht der Modellierung oder Betonung der Plastizität von Form, sondern scheint die Farben zu durchstrahlen, unter ihnen hervorzuleuchten, sie zu illuminieren und zu verstärken und wird so zum konkreten Bestandteil der Komposition.

Ouvertüre – Gelb Blau, 2002, Acryl auf Papier, 20 × 27 cm

Das Licht ist mir wichtiger als die Form. WILMA WIEGMANN

Zumal die Form, die Komposition, im Grunde das Resultat des malerischen Prozesses, des Umgangs mit Farbe und Licht ist. Mit dem Pinselstrich überträgt Wilma Wiegmann den Schwung der malenden Hand, des Arms, gar des Oberkörpers, auf die Leinwand, dokumentiert die eigene Bewegung im Bild und verleiht ihm so das Moment der Lebendigkeit, manchmal sogar eine Art Vibration von Farbe und Licht, gar Dynamik.

Ouvertüre – Roter Punkt, 1995, Acryl auf Papier, 30 × 21 cm

Diese Dynamik ist keinesfalls das Ergebnis des Versuchs, reale Motorik darzustellen, sondern sie entsteht im Auge des Betrachters, das dem malerischen Zusammenspiel aus Farbe und Pinselstrich folgt, und letztlich nie ganz zur Ruhe kommt.

Oft weiß ich nicht, wie ein Bild aussehen wird, wenn ich vor der leeren Leinwand stehe. Ein Farbklang ist die Motivation, durch die das Bild wächst. Die Farbe ist meine Faszination im Rhythmus der sinnlich wahrnehmbaren Welt.

Worte, Musik, Erlebtes werden eingefangen und erwecken kreative Assoziationen. Der fortdauernde Prozess des Entdeckens gibt meinen Gedanken Gestalt und Ausdruck. WILMA WIEGMANN

Wilma Wiegmanns Malerei ist im besten Sinne ein künstlerischer Prozess, der Ideen, Gedanken, Vorstellungen, vielleicht auch Träume und Erlebtes malerisch überträgt und umsetzt, ohne die plangenaue Vorstellung eines konkreten Endergebnisses. Sie ist „Prozessmalerei" auch in dem Sinne, dass ganz offensichtlich die Produktion von Bildern etwas ist, das nie abgeschlossen werden kann und das in hohem Maße die stete, lebendige Suche nach Ausdruck offenbart.

Intuitiv, gleichzeitig mit der Erfahrung ihrer langjährigen malerischen Praxis, formt Wilma Wiegmann eine Bilderwelt aus sich heraus, die nicht etwa abbildet, sondern vielmehr etwas visuell sichtbar und individuell fühlbar macht, das in dieser Form greifbar nicht existiert. Ihre Gemälde sind also „abstrakt", im Sinne der Umsetzung des eigenen Erlebens von Welt in eine originär künstlerische, „konkret" wiederum in ihrer realen Präsenz und der Tatsache, dass sie in der realen inneren und äußeren Lebens- und Empfindungswelt der Künstlerin fußen.

Der Mensch folgt, auch beim Betrachten von Bildern, einem Grundbedürfnis nach Gegenständlichkeit, das seiner Orientierung, Sicherheit und Verortung dient. Wilma Wiegmanns Bilder lassen sich, je nach Zusammenhang und Individualität des Betrachters, „gegenständlich" und „abstrakt" auffassen. Beide Sehweisen sind „richtig", denn die Bilder machen es möglich, „Gegenständlichkeit" und „Abstraktion" miteinander zu vereinen: Die nur scheinbar klaren Grenzen dazwischen lösen sich auf, da verwandelt sich beim intensiven Schauen eine ungegenständliche, organische Farbkomposition in eine Mohnwiese, wird ein Waldstück aus unbelaubten, kargen Bäumen zum Pendant einer geometrisch-abstrakten, linearen Konstruktion architektonischen Charakters.

Sehen ist Aufnehmen und Verarbeiten visueller Information, untrennbar verbunden mit Erfahrung und Empfindung – es ist kein starrer, immer gleicher Vorgang, den jeder Mensch identisch erlebt. Wilma Wiegmann macht ihren eigenen, künstlerischen Prozess transparent und lässt gleichzeitig Raum für die facettenreiche, individuelle und sinnliche Wahrnehmung ihrer Bilder.

---

1 Zitiert nach: KURT FASSMANN, Konkrete Malerei, in: *Kindlers Malerei Lexikon*, Bd. 14, München 1976, S. 104.
2 Ebenda, S. 109.
3 Zitiert nach: WALTER HESS, *Dokumente zum Verständnis der modernen Malerei*, Reinbek 1988, S. 44.
4 HUBERTUS GASSNER, RAIMER JOCHIMS, HANS-ERNST MITTIG, FLORIAN RÖTZER, Das Problem der Abstraktion, in: MONIKA WAGNER (Hrsg.), *Moderne Kunst 1*, Reinbek 1991, S. 288–289.

Gelb Rot Fließend, 2003, Acryl auf Leinwand, 110 × 130 cm

Mysterien, 2001, Acryl auf Leinwand, 150 × 110 cm

In Erwartung, 2003, Acryl auf Leinwand, 130 × 110 cm

Durchblick, 2001, Acryl auf Leinwand, 130 × 130 cm

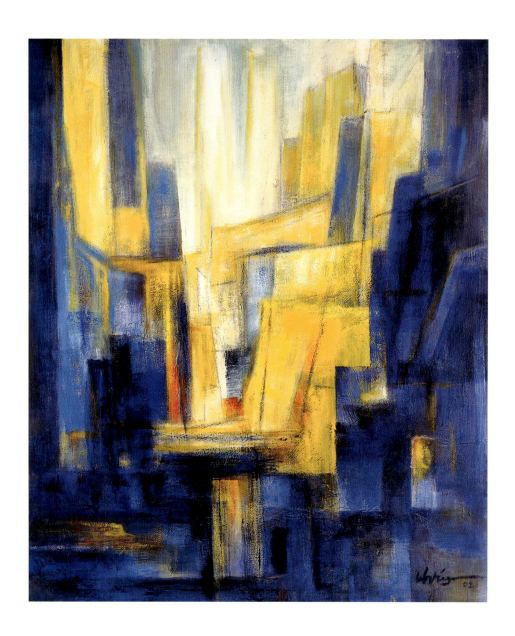

Vision (Reihe 11. September), 2002, Acryl auf Leinwand, 130 × 110 cm

Aus der Dunkelheit ins Licht, 2003, Acryl auf Leinwand, 130 × 130 cm

Connections, 2000, Acryl auf Leinwand, 130 × 130 cm

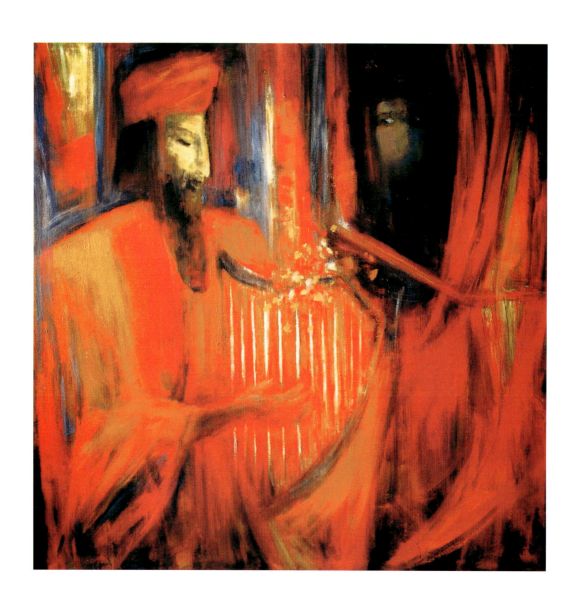

David und Saul, 2002, Acryl auf Leinwand, 130 × 130 cm

Festliche Stunde, 2001, Acryl auf Leinwand, 120 × 100 cm

Aus dem Dunkel kommend, 2001, Acryl auf Leinwand, 130 × 110 cm

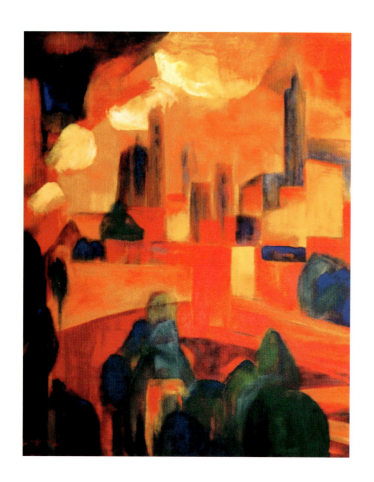

San Gimignano – Rote Stadt I, 2001, Acryl auf Leinwand, 130 × 110 cm

San Gimignano – Rote Stadt II, 2001, Acryl auf Leinwand, 130 × 110 cm

Marokko – Abstraktion, ca. 1980, Acryl auf Leinwand, 45 × 50 cm

Abstrakt, 2002, Acryl auf Leinwand, 110 × 130 cm

Abstrakt, 2003, Acryl auf Leinwand, 130 × 130 cm

Des Sommers ganze Fülle I, 2001, Acryl auf Leinwand, 130 × 130 cm

Des Sommers ganze Fülle II, 2001, Acryl auf Leinwand, 130 × 130 cm

Weiß im rot-blauen Feld, 2003, Acryl auf Leinwand, 130 × 110 cm

Manfred Strecker

Blumenstücke

Das Blumenstück, obwohl man sich dessen kaum bewusst ist, besitzt in der Malerei überraschend Beständigkeit – nicht als mitgeschlepptes, traditionelles Motiv und Bildschema, sondern von bleibender, sich erneuernder Gültigkeit. Zu Beginn des 16. Jahrhunderts bildete es den Auftakt zur Gattung des Stilllebens überhaupt.[1] Und noch in der Malerei der Gegenwart widerlegen Blumenstücke den Verdacht schierer Idylle, sie schlagen sogar ins Gegenteil um, sobald die Malerei die Blumenblüte in geradezu fleischlicher Präsenz und Obszönität aufblättert.[2] Blumenstücke gründen auf überzeitlichen Bedeutungen ebenso, wie sich in ihnen der Stand der Naturbeherrschung, das heißt der Naturentfremdung spiegelt.[3] Vielleicht ist das *Blumen-* bereits schon zu einem *Erinnerungsstück* an unwiederbringliche Erfahrungswelten geworden.

Blumen verkörpern in der Malerei vieles in diesem langen Zeitraum. Botanisch detailliert aufgemalt, beglaubigt die Blume die Sinnfälligkeit von Gottes Natur. So sehr wir uns an dieser gerade am Beispiel der Blumen erfreuen, bestimmt sie uns aber auch zur Vergänglichkeit in einer vielleicht viel zu kurzen Lebensspanne; so gibt die Blume durchaus Anlass zu gemischten Gefühlen, und sie wird schon bald nach dem Beginn der Stilllebenmalerei zum Sinnbild der „Vanitas", wovon es in der modernen Malerei, ironisch zitierend, ebenfalls wetterleuchtet.[4] In der Romantik gewinnt ein Bildtypus prominente Bedeutung, der Mensch und Blumengebinde andeutungsvoll in szenischen Arrangements zusammenbringt, die Blume erhält die Aufgabe eines Seelenspiegels. „Sind uns Blumen eingepflanzet ...", dichtete wissend der Volksliedersammler Achim von Arnim.[5]

Der Schriftsteller Rudolf Borchardt (1877–1945) hat über all die Beziehungen, die zwischen Menschen und Blumen spielen, die feinsten deutenden Beobachtungen angestellt und sie zu einer zeitlos übergreifenden Naturmetaphysik zusammengebracht. In seinem 1938 in Italien verfassten Buch „Der leidenschaftliche Gärtner" notiert er: „Der menschliche Geist ist der Blume verwandter als dem Tier".[6] Die Blume stehe „in der Polarität zwischen Vergänglichkeit der Kreatur und Wiedergeburt" und gebe uns so ein Bild unseres „zyklischen Schicksals".[7] Darüber vergisst Borchardt die sinnliche Seite nicht, die womöglich die vitalste Bedeutungsschicht der Blume bildet. „Der Frühling, die Blume, die Liebe – sind eine der Menschenseele, ohne allen Beweis im Erlebnis, heilige angeborene Trinität".[8]

Vor allem eine weitere Beobachtung Borchardts an der Sprache plausibilisiert, dass die Blume im Seelenhaushalt des Menschen eine unabdingbare Größe darstellt, woraus sich auch ihre weithin ungefährdet scheinende Stellung in der Kunst erklärt, die in der menschlichen Kulturgeschichte lange vor der Stilllebenmalerei begründet worden war, denn schon das Ornament bedient sich des Bilds der Pflanze. Die Vegetationsmetapher, so schreibt Borchardt, durchziehe die gesamte menschliche Sprache, sie ist „das heimliche Gerüst aller ihrer Bildlichkeit"[9]. Die Metapher, wie es die moderne kognitive Linguistik ein, zwei Generationen später ausgearbeitet hat,[10] ist für Borchardt allerdings nicht nur ein Stilmittel zur Veranschaulichung, nicht einfach nur eine übertragene Redeweise, sie dient nicht als bloßes Dekor und Redeschmuck. Metaphern verhelfen Lebenserfahrungen in ihrer Fülle verdichteter Empfindungen und Stimmungen zur Mitteilung, für die es gar keine unmetaphorische, keine buchstäblich zu nehmenden Worte gibt.

Blühende Farbe – Leuchtendes Rot, 1992, Acryl auf Leinwand, 135 × 135 cm

Dass die Blume so sehr ein Ausdrucksmittel dafür ist, was uns in Ahnung, Schmerz, Melancholie, Freude und Hochstimmung bewegt, dass sie Bedeutungen trägt, die mit faktisch beschreibenden Worten nicht zu fassen sind, dass sie also selbst bildhaft Sprache ist, macht ihr gemaltes Bild unmittelbar ansprechend, eingängig und verständlich. Auch die Blumenstücke von Wilma Wiegmann nutzen die Kraft dieser primären Seelensprache, die die Blumen wie von Natur aus in sich verkörpern. Natürlich muss man diese Sprache zum Klingen bringen, das heißt man muss – wie Wilma Wiegmann – über die künstlerische Finesse verfügen, Stimmungsgehalte vielsprechend ins Bild zu bringen.

Mohn, ca. 1975, Acryl auf Hartfaserplatte, 90 × 100 cm

Wilma Wiegmann entbindet auf ihren Blumenstücken ihre Protagonisten – die Blumen – meist von den Konventionen der Stilllebenmalerei, malt sie nicht als Gebinde, setzt sie nicht in Vasen, auf Tische und ins Ambiente bürgerlichen Wohnens. Die Malerin fasst die Blumen, wie sie draußen wachsen, im Brennpunkt einer das Motiv heranholenden Nahoptik. Landschaftsbezeichnungen lassen diese Bilder meist vermissen, so dass wir – was die Wirkung um so mehr verstärkt – nicht mit Gewissheit einordnen können, ob wir uns in freier oder in der gestalteten Natur der Landschaft oder im Raum strenger Kultivierung eines Gartens befinden.

Da so aller Hinweis auf die menschlich vermittelte Lebenswelt fehlt, diese für den Betrachter, auch wenn er sie sich hinzudenken könnte, unwichtig wird und sich im Seherlebnis verliert, gewinnen die Blumen in

Wilma Wiegmanns Bildern den Charakter einer unmittelbaren Erscheinung. Das gilt für alle die Bilder, gleichviel, wo sie die Malerin auf dem von ihr meisterhaft beherrschten Kontinuum verortet, das in die eine Richtung eher gegenständliche, in die andere eher abstrakte bis an die Grenze der Formauflösung gehende Malweisen ausprägt.

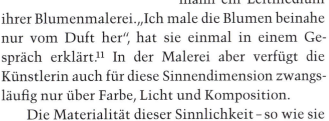

Sommer, 2001, Acryl auf Leinwand, 100 × 120 cm

Die Blumenstücke Wilma Wiegmanns zelebrieren eine Feier schieren Lebens in einer ungebrochenen Sinnlichkeit. Das bedeutet jedoch nicht, dass die Bilder alle nur dasselbe inszenierten. Hochstimmung in hellstem Licht verspüren wir genauso wie das Geheimnis im dunklen Leuchten. Blumen – das unterstreicht ihre sinnliche Erscheinung – strömen Duft aus, mit unterschiedlichen emotionalen Wirkungen und von unterschiedlicher Intensität im Wechsel der Tageszeiten. Diese olfaktorische Erfahrung ist für Wilma Wiegmann ein Leitmedium ihrer Blumenmalerei. „Ich male die Blumen beinahe nur vom Duft her", hat sie einmal in einem Gespräch erklärt.[11] In der Malerei aber verfügt die Künstlerin auch für diese Sinnendimension zwangsläufig nur über Farbe, Licht und Komposition.

Mohn, 1996, Acryl auf Leinwand, 140 × 140 cm

Die Materialität dieser Sinnlichkeit – so wie sie Wilma Wiegmann in ihren Bildern ausarbeitet – beruht auf der Strahl- und Leuchtkraft der Farben, die gerade alle Materialität vergessen lassen, denn die Farbe übersteigt die materielle Bindung an ihr Pigment. Auf den Blumenstücken ist von der Physis organischen Wuchses, des Blattes und der Blütenstände nichts Genaues mehr zu erkennen; nicht nur, wenn über Blütenfeldern etwa aus gelbblühendem Raps flirrende Farbatmosphären stehen, sondern auch auf Bildern, auf denen man noch einzelne Blumen und ihr Geschlecht in Formandeutungen identifizieren kann.

Solche auf Abstraktion drängende Malerei entsteht aus der malerischen Technik, die von dem physischen Verhalten der Farbe erzwungen wird, die Wilma Wiegmann häufig benutzt, nämlich schnell auftrocknendes Acryl. So erreicht die Künstlerin ebenso in diesem Kapitel ihres weit gefächerten Werks die Stufe einer bildnerischen Abstraktion, auf der ihre Kunst leicht in reine Farbmalerei umschlagen könnte. Die Farbe – ob sie nun eher ins Violette, Rötliche oder in die Farbklimate des Gelben umschlägt – zeigt dabei in ihrer Temperierung alle Emotionalität und alle Stimmungswerte vom Kalten oder abweisend Gefährlichen bis zur höchsten Wärme und Sonnenhaftigkeit. Da wechselt zuweilen – wie es Wilma Wiegemann selber sagt – die „Glut des Sommers" mit „giftiger Dramatik"[12].

Alles Leben ist niedergelegt in den Blumen.

1 Siehe dazu: NORBERT SCHNEIDER, Blumen – Stillleben der frühen Neuzeit, in: MICHAEL HERZOG (Hrsg.), *Blumenstücke – Kunststücke vom 17. Jahrhundert bis in die Gegenwart*, Kilchberg/Zürich 1996, S. 15-21.

2 Beispiele dafür zeigte die Ausstellung *Blumenstücke – Kunststücke* der Kunsthalle Bielefeld 1996, zu der der in der vorigen Fußnote genannte Kunstband als Katalog erschienen ist.

3 Die Kunst „nach der Natur" im Zeitalter der ingenieurmäßigen Konstruierbarkeit von Natur zeigte eine Ausstellung in Münster und Darmstadt, die dokumentiert wird in dem Buch *post naturam – nach der Natur*, hrsg. von GUDRUN BOTT und MAGDALENA BROSKA, Bielefeld 1998.

4 Siehe dazu etwa die Bilder von ERIK ANDRIESSE in der in Fußnote 2 erwähnten Ausstellung der Bielefelder Kunsthalle, die in dem in der Fußnote 1 genannten Katalog dokumentiert wird.

5 Die Verszeile des Gedichts von ACHIM VON ARNIM gab den Titel zu einer Ausstellung über „Natur als Seelenspiegel: vom Biedermeier bis zum Neuen Realismus" in der Städtischen Galerie in der Reithalle, Paderborn-Schloß Neuhaus im Jahr 2000, dokumentiert in dem Katalogbuch: „*Sind uns Blumen eingepflanzet ...*" *Natur als Seelenspiegel: vom Biedermeier bis zum Neuen Realismus*, hrsg. von ANDREA WANDSCHNEIDER, Paderborn 2000.

6 RUDOLF BORCHARDT, *Der leidenschaftliche Gärtner*, Nördlingen 1987, S. 16.

7 Ebenda, S. 17.

8 Ebenda, S. 22.

9 Ebenda, S. 16.

10 Siehe dazu das Schlüsselwerk von GEORGE LAKOFF und MARK JOHNSON, *Metaphors we live by*, Chicago 1980.

11 Zitiert nach: MARTIN BODENSTEIN, Das Prinzip Klarheit. Die Bilderwelt der Wilma Wiegmann, in: *Wilma Wiegmann – Dem Leben Farbe geben. Gemälde, Aquarelle, Zeichnungen*, Bielefeld o. J.

12 Persönliche Mitteilung der Künstlerin im August 1999.

Frühling, 1994, Acryl auf Leinwand, 100 × 110 cm

Mein Garten, 1999, Acryl auf Leinwand, 100 × 90 cm

Dreiklang, 1997, Acryl auf Leinwand, 130 × 130 cm

Frühe Stunde, 1968, Acryl auf Leinwand, 80 × 90 cm

Im Dämmern, 1991, Acryl auf Leinwand, 102 × 102 cm

Lichtdurchflutet, 1991, Acryl auf Leinwand, 130 × 115 cm

Blauer Zauber, 1975, Acryl auf Hartfaserplatte, 89 × 86 cm

Architektur in der Natur, 1986, Acryl auf Leinwand, 79 × 78 cm

Lichte Gebäude, 2000, Acryl auf Leinwand, 130 × 110 cm

Licht dringt in die Häuserschluchten, 2000, Acryl auf Leinwand, 130 × 110 cm

Aufstrebend, 1999, Acryl auf Leinwand, 140 × 70 cm

MANFRED STRECKER   # Megalopole   New Yorker Erfahrungen

Die Erfahrung wiederholt sich über die Generationen hinweg: Vor dem Anblick New Yorks versagen alle Begriffe, längst sogar schon in einer Zeit, in der noch keine Wolkenkratzer die Skyline bekränzten. „Im Hintergrunde bricht die Sonne durch und spannt ein paar breite groß gefächerte Strahlen über New York. Die Stadt schwimmt in einem milchweißen Fernenlicht." So lässt der Wiener Schriftsteller Ferdinand Kürnberger seinen „europamüden" Ankömmling – das Segelschiff steuert in die „prächtige Bai von New York" ein – die Ansicht von Bord aus auf die Stadt erleben. Dessen „Auge ist wie von einem Zauber gefesselt vor dieser Lichtwirkung. Es ist ihm, als sähe er in der neuen Welt ein neues, sich selbst übertreffendes Tageslicht".[1]

Um so desillusionierter von der rauen gesellschaftlichen Wirklichkeit der USA reist der später nun „Amerikamüde", wie Kürnberger den 1855 erschienenen Roman nach seinem traurigen Helden betitelt, in die „alte Welt" zurück. Die Verheißung aber bleibt und das überwältigende Erlebnis, auch ein Jahrhundert später. Der Schriftsteller Oskar Maria Graf, der 1938 auf der Flucht vor den Nazis in die USA auswanderte, feiert New York hochgestimmt in einem feierlichen Gedicht, in einer Ode:

New York! Gigantisches Gemeng aus Stahl, Zement und Glas,
aus Menschen, Lärm und Licht, mit Farbensonnen,
die in der Nachtluft tänzeln, wo verarmt und blass
der Mond verschwimmt in dunstverfleckten Himmelszonen[2]

Gläserne Stadt, 1999,
Acryl auf Leinwand,
140 × 140 cm

Und in unseren Tagen konstatiert ein informierter Weltreisender und Stadtkenner, der Pariser Soziologe und Ästhetik-Professor Henri-Pierre Jeudy, in nüchterner Analyse die Kalamitäten, in die die Wahrnehmung inmitten der Megalopole New York gerät: „Im Grunde zerstört der architektonische Rhythmus Manhattans nichts anderes als die Mechanismen, die herkömmlicherweise ablaufen, wenn man sich eine Stadt vorstellt."[3] Deshalb widerlegt New York die Erfahrungsregel, die der Philosoph Thomas Morus (1478-1535) in seiner Schrift „Utopia" aufgestellt hatte: „Kennst Du eine Stadt, kennst Du sie alle"[4]. New York hat, bevor einer dort gewesen war, keiner gekannt.

Wie ließe sich also besser, als mit den Mitteln der bildenden Kunst darstellen, erfassen und sichtbar machen, wofür die Touristen, die Einwanderer und Hoffnungsfrohen beim Versuch, angesichts

New Yorks die richtigen Worte zu finden, ins Hymnische ausweichen? Die Stadtbilder von Wilma Wiegmann, New-York-erfahren nach vielen Reisen, bündeln all die in den angeführten Zitaten zur Sprache kommenden Erfahrungen, in denen menschliches Maß hinfällig wird. Wenn auch nicht jedes ihrer Gemälde New York nachbildet, ebenfalls andere Stadtansichten des nordamerikanischen Kontinents in ihre malerische Bilanz eingehen, so klingt Manhattan in all den imaginierten Prospekten Wilma Wiegmanns nach.

Wir erkennen den „Effekt endloser Aneinanderreihung"[5], der alle Teile ununterscheidbar macht, wenn Wilma Wiegmann das Stadtpanorama in der Breite, also die Stadt in einem weit gestreckten Horizont von auf- und sich überragenden, von vor- und zurückspringenden und sich ineinander verwebenden Formen entwickelt. Aus der Ferne in den Blick genommen, vielleicht im Glanz des sich in den Fassaden golden verfangenden Morgen- oder Abendlichts, verlieren die Skyscrapers Volumen und Masse und gewinnen eine ätherische Dimension, die verhindert, „dass die Zusammenballung wahrgenommen wird"[6].

Anders allerdings artikuliert sich das von Sichtbegrenzungen und beengtem Blick beeinflusste Erleben inmitten der Megalopole, wo sich die Passanten nach einem abgegriffenen, gleichwohl stimmigen Sprachbild in Straßenschluchten bewegen, in denen bei guter Wetterlage helles Sonnenlicht hier und da blendend bis auf die Talsohle hinabreicht, sonst Schatten und Helligkeit in allen Schattierungen über den Häuserfronten spielen. Kürnberger lässt seinen Ankömmling in New York, überwältigt von den vielen Eindrücken, eine wichtige Entdeckung machen, um sein aufgewühltes Gemüt zu beruhigen: „Ein Blick gegen den Himmel bleibt oft der einzige Ruhepunkt"[7].

Metropolis, 1995, Acryl auf Leinwand, 130 × 130 cm

Lenkt Wilma Wiegmann den Blick zwischen den Wolkenkratzern nach oben in den Himmel, dann gewinnt jene Ruhe, die Kürnbergers Reisender dort fand, eine utopisch-visionäre Dimension, die von der bildnerischen Lichtregie des leichten Zwielichts, das unten über den Straßen liegt, und von einem Leuchten in der Höhe unterstrichen wird. Die Bilder bringen zum Ausdruck, was jenseits des pragmatischen Interesses des Investors liegt, auf schmalem Grund ein Höchstmaß an vermietbarer Fläche zu erzielen. Sie zeigen vielmehr, was die Pläne der Architekten innerlich beseelt: „Die Eroberung der Höhe, als Symbol einer Luftigkeit, die die höchsten Spitzen jener Konstruktionen erreicht haben, die der Schwerkraft trotzen, bedeutet eine Befreiung von den Mächten, denen man auf ebener Erde ausgesetzt ist"[8].

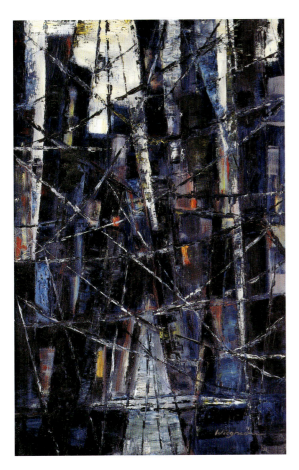

Vergitterte Stadt,
1966, Öl auf Holz,
70 × 45 cm

Malerisch erfasst Wilma Wiegmann die Stadt in Bildern ebenso verschiedener Stimmung zu wechselnden Zeiten im Tages- und Nachtlauf, in denen die Konturen verschwimmen, sich die Baumassen und architektonischen Volumen in der Nachglut der Nacht oder in der bleichen Frühe des Morgens aufzulösen beginnen. Das ist der Moment, in der ihre Bilder in höchster Abstraktion fast schon in schiere Farbmalereien umzuschlagen scheinen. Dabei erlebt man die Stadt auf diesen Gemälden, wenn man sich noch einmal an Grafs „Ode an New York" erinnert, „hineingetürmt in dunkle Traumregionen" und schließlich „hineingerissen in gewaltige Visionen",[9] für die allein die Malerei spricht.

Die Stadt als Raumgefüge – Moloch oder eine freundliche Utopie des menschlichen Lebens? Lebensfeindlich erscheint die Stadt in den Bildern Wilma Wiegmanns nicht, manchmal aber durch die kompositorische Anlage kathedralenhafter Höhenführung und einer sakralen Atmosphäre der „hektischen Betriebsamkeit des urbanen Lebens"[10] drunten in den Straßen weit entrückt, wo der Tageszeit angemessen, etwa zur Rushhour, alle Passanten, wie einem einzigen Plan und einem einzigen Befehl gehorchend, dem gleichen Ziel zuzustreben scheinen. Andererseits gibt die Stadt in der unübersehbaren Fülle ihrer Möglichkeiten zur gleichen Zeit unterschiedlichen Rhythmen des Lebens Raum, wie es schon Kürnberger im 19. Jahrhundert in New York erkannt hatte. „Die Kunst des Flanierens ist eine Lokalkunst. Zu schauen und nicht zu schauen, sich zu bewegen und stehen zu bleiben, hat eine andere Technik auf den Boulevards, auf dem Long-Acre und auf dem Broadway".[11] Auch diese Lust des Flanierens ist auf Stadtbildern Wilma Wiegmanns zu erkennen.

So bleibt die Stadt in Wilma Wiegmanns Kunst eine sinnfällige Metapher der Freiheit.

1 Ferdinand Kürnberger, *Der Amerikamüde*, Frankfurt 1986, S. 12 und 13.
2 Oskar Maria Graf, Ode an New York, in: Hans Dollinger (Hrsg.), *Das Oskar Maria Graf Lesebuch*, München 1993, S. 90.
3 Henri-Pierre Jeudi, *Stadterfahrung. Tokio, Rio, Berlin, New York, Lissabon*, Berlin 1998, S. 61.
4 Zitiert nach: *Stadt und Utopie. Modelle idealer Gemeinschaften*, Berlin 1982, S. 156.
5 Jeudi, a. a. O., S. 62.
6 Ebenda.
7 Kürnberger, a. a. O., S. 24.
8 Jeudi, a. a. O., S. 62.
9 Graf, a. a. O., S. 90.
10 Jeudi, a. a. O., S. 62.
11 Kürnberger, a. a. O., S. 24.

NY Silhouetten, 1989, Acryl auf Leinwand, 92 × 92 cm

New York Silhouetten, 1994, Acryl auf Leinwand, 100 × 80 cm

Gläserne Halle, 2001, Acryl auf Leinwand, 130 × 130 cm

Schweben, 1999, Acryl auf Leinwand, 120 × 100 cm

Verbindungen, 1995, Acryl auf Leinwand, 102 × 76 cm

Abstrakt, 1985, Acryl auf Leinwand, 132 × 127 cm

Times Square Jahrtausendfest, 2001, Acryl auf Leinwand, 135 × 135 cm

Zwischen Tag und Nacht, 2002, Acryl auf Leinwand, 110 × 160 cm

Abstrakt, 2001, Acryl auf Leinwand, 132 × 106 cm

Uwe-C. Moggert-Seils

Ein großes „Dennoch"

Dynamik und Licht – wenn es überhaupt möglich ist, das Werk Wilma Wiegmanns mit wenigen Begriffen zu umschreiben, dann mit diesen. Immer wiederholt sich dieses Paar, ganz gleich ob in den floralen Bildern, den Stadtansichten oder den abstrakten Werken. Dynamik und Licht – dieser „rote Faden" in Wilma Wiegmanns Malerei ist beeinflusst von biografischem Erfahren und Wahrnehmungen des Augenblicks. Denn sie gibt ihrem unmittelbaren Erleben Form und Farbe, verleiht ihren Gefühlen und Reaktionen Ausdruck, indem sie zu Palette und Pinsel greift.

Eine der Quellen, aus denen sie schöpft, ist dabei ihre christlich geprägte und bis heute ungebrochene Lebenshoffnung. Dabei ist Wilma Wiegmann alles andere als eine religiöse Malerin im traditionellen Sinne – trotz mancher Werke, die aus der Beschäftigung mit biblischen Themen stammen (zum Beispiel *David und Saul*, S. 24, *Judas*, S. 118) und die dies nahe legen könnten. Denn ihre Malerei will nicht biblische Gestalten oder christliche Inhalte illustrieren, gar pädagogisieren. Ebenso fern liegt es ihr, mit ihrer Malerei explizit christlichen Werten wie „Vergebung" oder „Nächstenliebe" Form und Farbe zu geben. Vielmehr sind Wilma Wiegmanns Bilder ein Bekenntnis. Ein Bekenntnis zu einer Welt, wie sie ist. Ein Bekenntnis, das begründet ist in der Lebenshoffnung der Künstlerin, ihrer Freude am Leben. Dieses – malerische – Bekenntnis lautet: „Dennoch".

Theologisch fokussiert sich dieses Erleben, dieses Bekenntnis in dem Begriff der Auferstehung. Ein Zugang zu diesem Verständnis in Wilma Wiegmanns Malerei sind dabei die immer wiederkehrenden Metaphern des Lichts, das aus der Dunkelheit hervorbricht oder die lichtdurchfluteten transzendierenden Farben und Formen. Insofern sind Wilma Wiegmanns Bilder immer wieder auch Auferstehungsbilder, in denen sich Neues bahnbricht. Tod, Hoffnungslosigkeit, Trauer werden nicht vordergründig beiseite geschoben. Sie werden als reale Erfahrung, als Tatsachen stehen gelassen und durch die Bilder zugleich überwunden. Hier gewinnt eine Lebenshoffnung Gestalt, die sich ebenso in den abstrakten wie den floralen Bildern finden lässt.

Diese Lebenserfahrung gründet – wie kann es anders sein – in der Biografie der Malerin. Ein wichtiges Datum ist für sie nicht zuletzt auch auf Grund persönlicher Beziehungen zu New York der 11. September. Doch sowohl vor als auch nach diesem Datum stellt sie sich immer wieder – ob kommunalpolitisch oder global – die Frage: „Warum machen Menschen das?" Dabei geht es ihr weniger um die Frage nach der Theodizee, also danach, wie und warum Gott das Böse in der Welt zulassen kann. Stattdessen fragt sie danach, wie

Menschen dazu kommen, so und nicht anders zu agieren. Insofern sind ihre Bilder immer auch prozesshaft, sind Zeugnisse persönlicher Verarbeitung und werden so zu Antworten. Antworten in Form und Farbe.

Daher lässt sich in Wilma Wiegmanns Bildern für die, die sich darauf einlassen, nicht nur eine theologische, sondern untrennbar auch eine politische Intention finden. Nämlich die nach Veränderung. Veränderung zum Guten. Kraft ihrer Farbe. Kraft ihrer Form. Kraft einer Lebensenergie, die immer wieder „dennoch" sagt.

Abstrakte Landschaft, 2001, Acryl auf Leinwand, 110 × 130 cm

Gelber Himmel, 2000, Acryl auf Leinwand, 110 × 100 cm

Vor dem Sturm, 1997, Acryl auf Leinwand, 100 × 115 cm

Rapsblüte, 1999, Acryl auf Leinwand, 90 × 100 cm

Horizonte, ca. 1975, Acryl auf Leinwand, 95 × 100 cm

Leichtes Spiel, 2001, Acryl auf Leinwand, 110 × 130 cm

Levee, 1999, Acryl auf Leinwand, 140 × 140 cm

Schwingungen I, 2003, Acryl auf Leinwand, 130 × 110 cm

Schwingungen II, 2003, Acryl auf Leinwand, 130 × 110 cm

Dynamik, 1997, Acryl auf Leinwand, 100 × 130 cm

Horizonte, 1988, Acryl auf Leinwand, 90 × 100 cm

Novembertag, 1979, Acryl auf Leinwand, 100 × 115 cm

Nocturne, 1981, Acryl auf Leinwand, 45 × 50 cm

Durchblick, 1999, Acryl auf Leinwand, 110 × 100 cm

Das Auferstehungsfenster

Zur Entstehungsgeschichte

Man muss im Leben Glück haben und immer wieder zum rechten Zeitpunkt den richtigen Menschen begegnen.

Dieser Satz kann wohl treffender nicht formuliert sein als Beschreibung für den Tag, als Wilma Wiegmann zum ersten Mal unsere Werkstatt betrat. Im Gepäck hatte sie ein großes Gemälde. Wie wir dann im Gespräch erfuhren, sollte dieses Gemälde Vorlage sein für das Auferstehungsfenster in der Waldfriedhofskapelle in Steinhagen. In unserer bisherigen Werkstattgeschichte waren wir noch nie mit einer solchen „Gemäldevorlage" konfrontiert worden. Die Frage war, kann man und vor allem wie kann man ein solches Gemälde in ein Fenster umsetzen.

Es begann ein langer Weg des Suchens und des Findens und wir können, von unserer Seite aus, wirklich nur betonen, dass wir überaus glücklich sind, die Chance bekommen zu haben, die Lichtmalerei von Wilma Wiegmann auf der Leinwand in konkrete Lichtmalerei mit farbigem Licht umzusetzen. In der Umsetzung hierzu mussten Proben und Muster entwickelt, spezifische Ausdrucksformen in Glasmalerei für die Malerin Wilma Wiegmann gesichert und erfunden werden.

Hauptinterpret dieser Malerei war unser Werkstattleiter Claus Happe. Nachdem für das Fenster ein Bleiriss entwickelt worden, die mundgeblasenen Echt Antikgläser zugeschnitten waren, war er es, der hier mit Malerei die malerischen Wirkungen aufgebracht und eingebrannt hat. Im Weiteren wurde das Fenster dann verbleit und verkittet.

Das Fenster, das hier entstanden ist, ist eine wirkliche Membran zwischen Himmel und Erde geworden. Eine diaphane Wand, ein gläsernes, dreidimensionales, plastisch wirkendes Fenster mit suggestiver meditativer Wirkung. Für uns war es eine ganz große Herausforderung und eine ganz große Freude, dieses Fenster so ausführen zu dürfen. Für die Besucher und Betrachter der Kapelle ist es, so glauben wir, ein wunderbares Medium, in Kontemplation und Meditation dem Gedanken der Aufstehung zu begegnen.

Denkt man an die mittelalterliche Lichtmetaphysik von Abt Suger von Saint-Denis bezüglich der diaphanen Wände in gotischen Kathedralen, denkt man gar an das goldene Westfenster im Altenberger Dom, dann spannt sich zu dem Fenster von Wilma Wiegmann ein ganz wundervoller, kraftvoller Bogen in unsere Zeit, in der sie es geschafft hat, mit künstlerischen Mitteln und der Kraft ihrer künstlerischen Sprache ein suggestives Ebenbild eben dieser Lichtmetaphysik, eben dieser himmlischen Stadt in ihrer Arbeit lebendig werden zu lassen.

Licht und Leben (Auferstehung), 1997, Glasfenster, 420 × 300 cm

Wilma Wiegmann hat in dem Fenster in der Friedhofskapelle einen markanten Meilenstein heutiger Glasmalerei gesetzt, der weit über die Grenzen Westfalens hinaus hell und glänzend leuchtet und ein deutliches Zeichen für die Kraft der Kunst als Brücke zum Glauben setzt. WILHELM PETERS

Markus 16 – in Farbe gestaltet

Im November 1996 fragte ich Wilma Wiegmann, ob sie ein Kirchenfenster für die Kapelle des Steinhagener Waldfriedhofes entwerfen wolle. Sie antwortete spontan: „Ja. Von der Gestaltung eines Kirchenfensters habe ich mein Leben lang geträumt." Auf die Rückfrage, welche Vorstellungen ich von einem solchen Fenster habe, antwortete ich: „Markus 16 – in Farbe gestaltet". Ich erzählte von einer Predigt über diesen Text in der Osternacht.

Urkraft, 2002, Acryl auf Leinwand, 45 × 45 cm

Ich sagte, dass die Frage der Frauen in der Geschichte – „Wer wälzt uns den Stein von des Grabes Tür?" – für mich eine der Schlüsselfragen in der Auseinandersetzung mit dem eigenen Sterben und dem Tod geliebter Menschen sei. Wilma Wiegmann hörte zu, setzte sich mit der biblischen Geschichte und dem Thema weiter auseinander. Sie malte ein Gemälde und schuf damit den Entwurf für das Steinhagener Kirchenfenster. Es entstand ein Bild, das den Betrachter durch seine Größe, Farbgestaltung, Komposition und Symbolik in seinen Bann zieht.

Da befinden sich Menschen auf dem Weg zum Grab, und wir erkennen uns in ihnen wieder – als Menschen im Schatten des Todes. Wir sehen das Dunkle und erfassen, dass Trauernde in ihrem Schmerz unfähig sind, Licht zu sehen. Und doch sind sie Menschen, auf die Licht fällt. Das Grab ist offen, der schwere Stein aus dem Weg geräumt. Kein Mensch schafft das aus eigener Kraft. Nur wenn eine Macht von außen, wenn Gott selbst eingreift, lösen sich Erstarrung und Versteinerung. Eine unermessliche Tiefe und ein atemberaubend helles Licht kommen uns entgegen, geben Kraft, Hoffnung, Lebensmut. Der runde Stein – wie eine Kugel, Weltkugel, gestaltet – zeugt von Lebendigkeit und Bewegung. Ein Hinweis auf Zeit, die wie im Flug vergeht. Mitten in der Dunkelheit finden wir Spuren in Weiß – Spuren eines Gottes, der in die Tiefe der Welt hinabsteigt, Spuren eines Weges, der aus der Dunkelheit ins Helle, von unten nach oben, ins Leben führt.

Wir sehen andeutungsweise ein Kreuz als Hinweis auf das Sterben Jesu. Der Betrachter spürt die Spannung von Finsternis und Licht, Leben und Tod, Diesseits und Jenseits. Hinter dem Kreuz leuchtet das Licht. Hinter der Dunkelheit des Todes leuchtet der Glanz eines neuen Morgens, weil Gott den Tod in der Auferstehung Jesu Christi durchbrach und für immer überwinden wird. Das ist die Frohe Botschaft, die Markus in seinem Evangelium in Worte fasste, die Unzählige im Leben und Sterben tröstete und der Wilma Wiegmann durch ihr Bild Gestalt verlieh.   Heinz-Jürgen Luckau

Licht, 1997,
Acryl auf Leinwand,
200 × 140 cm

11. September Reihe – I, 2003,
Acryl auf Leinwand, 45 × 45 cm

11. September Reihe – II, 2003,
Acryl auf Leinwand, 45 × 45 cm

Auflösung, 11. September Reihe – III, 2003, Acryl auf Leinwand, 45 × 45 cm

Phönix, 1998, Acryl auf Leinwand, 140 × 140 cm

Con Brio, 1986, Acryl auf Leinwand, 130 × 135 cm

Licht – Dunkel, 1999, Acryl auf Leinwand, 92 × 122 cm

Aufbruch, 1995, Acryl auf Leinwand, 100 × 130 cm

Iris, 1943, Aquarell, 45 × 23 cm

Heidi Wiese

Der sichere Blick für das Wesentliche

„Sie malt so, wie sie malt, nicht weil sie das Problematische nicht kennt, sondern gerade, weil sie es immer wieder erlebt hat" – diese Feststellung eines ihrer Enkelkinder beschreibt eine Art Leitmotiv im Werk von Wilma Wiegmann. Wer wie sie im 90. Lebensjahr vitaler, inspirierter und leidenschaftlicher denn je große, weiße Leinwände in Bilder verwandeln kann, die vor Dynamik der Formen und Leuchtkraft der Farben zu explodieren scheinen, der schöpft aus dem Vollen und hat Freude am Weitergeben der eigenen immensen Lebensenergie. Eine Lebensenergie voller Offenheit und Neugier, die über die vielen Jahrzehnte hinweg an Schwierigkeiten und Widerständen geradezu gewachsen ist, wie im Gespräch mit der Künstlerin schnell klar wird. Bei ihr führt die Gelassenheit angesichts aller durchlebten Erfahrungen und das Wissen um die Kraft des positiven Denkens und des konzentrierten Willens ganz offensichtlich dazu, gezielt das zu suchen, was einem selbst und anderen gut tut, Rückschläge zu relativieren, neue Power zu aktivieren und den Blick für das Wesentliche weiter zu schärfen. Das Dunkle im Hinterkopf lässt ihre Farben auf der Leinwand noch strahlender leuchten, die Vitalität der Bilder sprüht ihre Funken ganz unmittelbar auf die Betrachter.

Die Malerei, das teilt sich schon in der vibrierenden Intensität dieser Bilder auf faszinierende Weise mit, war für Wilma Wiegmann immer eine existenzielle Angelegenheit. Für Gedanken an eine Liebhaberei zum Zeitvertreib war sie bis heute immer viel zu beschäftigt mit wesentlichen Dingen. Lebenselixier ist ihr die kreative Herausforderung offensichtlich schon als Kind gewesen, um Belastungen und Enttäuschungen zu verkraften und eine nur ihr gehörende Zuflucht zu finden. Bei den zahlreichen und dramatischen Problemen, die ihr individuelles Schicksal und die kollektiven Katastrophen des 20. Jahrhunderts seit dem Vorabend des Ersten Weltkrieges für sie bereithielten, bestätigte sich der Erfolg dieser kreativen „Therapie". So erscheint es fast folgerichtig, dass ihre Bilder mit zunehmender Lebenserfahrung auch immer größer, farbiger, gewagter und innovativer wurden. Existenziell war die Malerei für Wilma Wiegmann aber auch im rein materiellen Sinne, denn sie ernährte von ihrem Erwachsenwerden an damit nicht nur sich selbst, sondern zeitweilig und gerade in ganz schlechten Zeiten auch drei Generationen ihrer Familie und bis zu einem Dutzend Angestellte.

Gerade in ihrer noch von der Kaiserzeit geprägten Generation, so staunen besonders ihre zahlreichen jungen Freundinnen und Freunde, über-

Schildsker Anekdoten – Kachelofen Skizze, 1939, Tusche auf Papier, 18 × 20 cm

rascht ihre Vita mit einer ganz untypisch erscheinenden Aktivität, mit dem, was Feministinnen später geglückte Selbstverwirklichung genannt hätten. Ganz ohne schmerzliche Loslösungsprozesse und stets im Rahmen einer selbst erarbeiteten materiellen Unabhängigkeit schaffte es Wilma Wiegmann in Zeiten wirtschaftlicher Katastrophen, eiserner Mutterkreuze und Heim-an-den-Herd-Ideologien, Broterwerb und Umsetzung der künstlerischen Kreativität, Familie und Beruf, sozusagen Kunst und Leben stets wie selbstverständlich miteinander zu vereinbaren. Ein Geheimnis dieser Auflösung von Gegensätzen, dieser glücklich stimmenden Harmonie und dieser auch im neunten Jahrzehnt ungebrochenen Vitalität mag es sein, dass immer alles im langen Leben von Wilma Wiegmann seinen angemessenen Platz, aber auch seine vorbestimmte Zeit gehabt hat. Und so verwundert es auf den zweiten Blick schon weniger, dass ihr künstlerischer Weg von zarten Blumenranken auf kleinen Kacheln bis zu geradezu wilden, leuchtenden wie schwungvollen Abstraktionen auf großen Leinwänden führte. Und wir gespannt sein dürfen, welche Überraschungen noch auf uns warten.

Madeira, 1997, Ölkreide auf Papier, 30 × 22 cm

Bei aller Neugier und Lust am Aufbruch zu neuen Erfahrungen und fremden Ländern hat es über neun Jahrzehnte hinweg immer einen wesentlichen, festen Punkt in Wilma Wiegmanns Leben gegeben: Das Haus, von ihrem Großvater gebaut, in dem sie geboren wurde, in dem sie im großen Familienkreis als jüngste von fünf Töchtern aufwuchs, und in dem sie heute noch lebt und arbeitet. Tief verwurzelt in diesem Bielefelder Haus und dem sie so wesentlich inspirierenden, auch fast ein Jahrhundert später noch rund ums Jahr wunderbar blühenden Garten, fand sie in vertrauter Umgebung den Rahmen, der ihr ein Leben ermöglichte, in dem sie ihre Kreativität, ihre Unabhängigkeit und ihr Familienleben gleichermaßen ihren Vorstellungen gemäß verwirklichen konnte.

Tanger, Marokko, 1984, Skizze, Mischtechnik auf Papier, 21 × 28 cm

Die Zeiten waren schlecht, damals schon, als der Vater körperlich und seelisch krank aus dem Ersten Weltkrieg zurückkehrte. Die Mutter, eine lebenskluge und unermüdlich fleißige Frau, sorgte, obwohl sie selbst oft krank war, für den Lebensunterhalt der großen Familie, indem sie einen Gemischtwarenladen aufmachte. Auch die jüngste Tochter wurde früh weit über ihr Alter hinaus gefordert und in die Verantwortung genommen. Trotz wirtschaftlicher Sorgen war es jedoch eine gerade auch musisch reiche Kindheit. Die Mutter, beseelt von einer schlichten wie festen Gläubigkeit, vermittelte Liebe und Geborgenheit, Zuversicht und Freude, sang mit den Kindern und weckte ihr „Empfinden für das Gute und Schöne". Die Eltern gingen gern ins Theater, der Vater spielte Zither, las viel, mit besonderer Freude Wilhelm Busch, malte gelegentlich selbst und ermutigte seine jüngste Tochter, als sich ihre künstlerische Neigung zeigte. Sie wusste früh, was sie wollte: Kunst studieren und irgendwie damit Geld verdienen und der Familie helfen.

Doch mit 17 Jahren schienen für Wilma Wiegmann alle fest gefügten Träume vom Kunststudium zunächst beendet zu sein. Die älteste Schwester, die ihre Liebe zur Kunst sehr gefordert hatte, und der sie ihr Leben lang eng verbunden bleiben sollte, lebte inzwischen in New York, die anderen Schwestern hatten geheiratet und sie musste das Gymnasium verlassen, um der Mutter im Laden zu helfen und so den Lebensunterhalt der Familie zu sichern. Sie tat das Notwendige, allerdings ohne ihre eigenen Ambitionen aufzugeben. In der Volkshochschule besuchte sie Kurse für Gold- und Silberschmiede, im Modellieren und Aktzeichnen, bald auch Abendkurse in der Kunstgewerbeschule. Sie war früh vertraut mit dem Werk von Dürer, begeisterte sich für Feuerbach und Max Klinger. Rembrandt wurde ihr sehr wichtig, ebenso Matisse und Kandinsky. Archipenko, Marc, Macke und das Bauhaus lernte sie noch vor den Nazis kennen. Sie besuchte die Essener Nolde-Ausstellung und war von seinen großen Ölbildern begeistert. Sie verehrte Kollwitz und Barlach. Aus New York kamen Kunstbücher, zum Beispiel über Hokusai, die ihr neue Welten erschlossen. Sie hörte Vorträge, las viel und sang im Musikverein. Musik, das aktive Erlebnis und die Freude am Zuhören, ist für sie bis heute eine Quelle der Kraft und Zuversicht geblieben, die auch, wie sie betont, in Schwingung und Bewegung, im farblichen Umsetzen von Tönen, „die Atmosphäre in meinen Bildern mitprägt".

Der Wunsch, Kunst zu studieren, einen künstlerischen Beruf zu erlernen und ihrem Talent zu folgen, von dem sie fest überzeugt war, wurde überraschend schnell Wirklichkeit, als die Schwester aus den USA Geld schickte und ihr damit das Studium an der Bielefelder Kunstgewerbeschu-

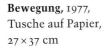

Bewegung, 1977,
Tusche auf Papier,
27 × 37 cm

Nicholas, 1981,
Tusche auf Papier,
22 × 32 cm

le ermöglichte. Zwei Jahre lang war sie dort „sehr glücklich als Kunststudentin" – lernte viel und fand Freunde unter Lehrern und Mitstudenten, die sie zum Teil ein Leben lang begleiteten. Nebenher bereitete sie sich darauf vor, ihre Malerei beruflich zu nutzen, denn zu Hause wuchsen die finanziellen Sorgen. Sie war 19 Jahre alt, als sie zuerst bei der Bielefelder „Geschenkstube" ihre gemalten Kacheln vorzeigte. Die Zahl der Kunden wuchs schnell, so dass sie für die weitere Ausbildung keine Zeit mehr hatte. Gerade 20 Jahre jung, bekam sie bald so viele Aufträge, dass sie allein mit ihrer Tätigkeit die Familie ernähren und die Mutter ihren Laden schließen konnte. „Ich bin sehr fleißig gewesen", kommentiert Wilma Wiegmann nüchtern diese Phase, „habe gemalt und gemalt …". Es folgten Anfragen von Architekten sowie vom Bauamt der Stadt. Bis zu zwölf Angestellte beschäftigte sie Ende der dreißiger Jahre in ihrem Atelier, die ihre Entwürfe auf Kacheln und Porzellan kopierten. Sie selbst übernahm vor allem die zunehmend großen Aufgaben – Theken, Kachelöfen und Wandmalereien.

Aus dem Skizzenbuch Peru, 1980, Ölkreide auf Papier, 14 × 21 cm

Abends malte sie Aquarelle, vor allem von Blumen, die sie von Kindheit an lieben gelernt hatte. Die Flüchtigkeit der Vollendung, der Kreislauf des Werdens und Vergehens, die Vitalität der leuchtenden Farben von Klatschmohn und Rittersporn, die Clematis, die den abgestorbenen Birnbaum im Garten wieder mit Leben umrankt – all das blieb lebenslang eine wesentliche Inspirationsquelle, die sie insbesondere auch nach Krankheiten und Schaffenspausen immer wieder zur Kreativität zurückbrachte. Sie nahm nebenher an Ausstellungen teil und war glücklich, dass sich alles so gefügt hatte: „Ich mag nicht über Dinge klagen, die sich nicht ändern lassen. Ich hatte viel Grund dankbar zu sein, dass alles so lief wie es gelaufen ist". Und wer sie heute in ihren nun größer und heller gewordenen Räumen besucht, staunt über die längst zu reinen Schmuckstücken gewordenen Kachelöfen, deren Bemalung ihre Kunstfertigkeit und die Motivwahl jener Schaffensphase aufs Schönste bewahrt hat. Bei der Betrachtung verweist sie gern auf den oben umlaufenden Spruch in gotischen Lettern: „Ein fröhlich Herz, ein fester Sinn – das ist ein rechter Anbeginn und bleibt nicht lange liegen. Das fährt durch alle Wetter hin – wer will uns unterkriegen?"

Mit den Kriegsjahren begann auch für Wilma Wiegmann eine besonders sorgenreiche Zeit. Sie heiratete mit-

Aus dem Skizzenbuch Marokko, 1984, Ölkreide auf Papier, 21 × 14 cm

ten im Krieg. Ihre beiden Kinder kamen auf die Welt. Ihr Mann kam erst Jahre nach Kriegsende aus russischer Kriegsgefangenschaft zurück. Die Mutter half ihr bei den Familienaufgaben wie auch bei der Arbeit, so dass sie es weiter schaffte, alles zu vereinen und dabei genug Zeit für ihre Kinder zu finden.

Die beruflichen Aufgaben liefen erfolgreich weiter und dank alter Verbindungen fand die Familie bei Bauern im Umland der Stadt oft Hilfe, als die Versorgungslage zusammenbrach und die Bomben fielen. Trotzdem war es oft genug schwer, zuversichtlich zu bleiben, wenn es nichts zu essen gab, die Kinder krank wurden, man im Keller saß, während ringsum die Bomben einschlugen und wenn trotz endloser Recherchen die Ungewissheit blieb, ob ihr Mann noch am Leben war. Es half immer wieder die Rettungsbootmentalität weiter, das Zusammenhalten zum Überleben, der wachsende Freundeskreis – und der Trost der Kunst, der Musik und vor allem die Freude an den Kindern und der eigenen Kreativität.

Aus dem Skizzenbuch Marokko, 1984, Ölkreide auf Papier, 21 × 14 cm

Der Wunsch ins Ausland zu reisen, ließ sich erst nach dem Krieg verwirklichen. Die Neugierde auf Neues und Fremdes, die ihr Leben und auch ihr künstlerisches Werk wesentlich mitbestimmt haben, regte sich sehr früh. Reisen, um andere Formen, Farben und Licht in der Natur, andere Kulturen und Lebensweisen rund um den Globus kennen zu lernen. Und dann das Glück auszukosten, wieder erfüllt von Neuem nach Hause zu kommen, die vertraute Lebensbasis wieder zu finden und das Erlebte in Ruhe künstlerisch auszuwerten. Ihre Begeisterungsfähigkeit, ihr Staunen gegenüber den Wundern der Natur wie auch den Leistungen der Zivilisation, ließ sie empfänglich bleiben für alles, was da in immer neuen Regionen an Eindrücken auf sie einstürmte. Mit ihrem Mann verband sie in jeder Weise eine echte Partnerschaft, wie sie in der Zeit sicher nicht allgemein üblich war. Sie reisten zuerst zu zweit und dann mit den Kindern innerhalb Europas, besonders in den Süden. Dann kam zum ersten Mal Amerika, dieses so tief mit Wilma Wiegmanns Leben verknüpfte Land der unbegrenzten Möglichkeiten. Metropolis, der Moloch Stadt, New York in seiner himmelstürmenden Gigantomanie, den architektonischen Wundern und dem Geschwindigkeitsrausch modernster Verkehrsmittel, dem Lichterglanz und den finsteren Geheimnissen, das bleibt für sie ein unerschöpfliches Thema und ein kontrastreicher Gegenpol zu den Blumen, den Rapsfeldern und dem weiten Himmel der norddeutschen Landschaft.

Aus dem Skizzenbuch Marokko, 1984, Ölkreide auf Papier, 15 × 10 cm

Viele Reisen schlossen sich an. Sie war fasziniert von den „großen abstrakten Formen der Natur", der „dramatischen Bergwelt" Norwegens, den weißen Städten und dem Licht in der mediterranen Welt. Reisen nach Mexiko, Guatemala und Peru waren besonders prägend: die Farben, die wie Feuer leuchteten, die zuerst so fremdartig wirkenden Menschen, die in Vergangenheit und Gegenwart zu leben schienen, und sowohl ihrem christlichen Gott wie den alten heidnischen Göttern dienten; in Ponchos gehüllte Figuren, die später auf der Leinwand abstrakte Qualitäten gewannen. Die Wärme des Südens hat sie immer geliebt, das Gold des alten Ägyptens faszinierte sie, die Wüstenwelt, die Souks in den Städten von Marokko und Tunesien, diese Gesellschaft mit ihrer strengen Trennung von Männer- und Frauenwelten. Auf Forschungsreisen lernte sie Israel und Zypern kennen. Die wilde und monumentale Naturschönheit im Westen der Vereinigten Staaten, die Welt der Indios im Süden, tropische Impressionen von Bermuda, Hawaii und der Karibik. Immer hatte sie ihr Skizzenbuch dabei und hielt in Windeseile alles Entscheidende fest.

Essuira, Marokko, 1982, Aquarell, 22 × 30 cm

Bis 1964 war das „freie" Gestalten, das abstrakten Ordnungen folgende Spiel von Farben und Formen, der „Freizeit" vorbehalten geblieben, während Wilma Wiegmanns Kachel- und Porzellanmalerei die wesentliche künstlerische Beschäftigung war, kreative Verwirklichung und Lebensunterhalt zugleich. Mit dem plötzlichen Tod ihres Mannes endete dieses Kapitel abrupt und zunächst unterblieb auch jede weitere künstlerische Tätigkeit. Heute bezeichnet sie die Jahre der angewandten Kreativität als ihre „Sklavenzeit". Sie suchte nach neuen Wegen. Ein erster Versuch mit Ölfarben schlug fehl, die Kontaktallergie an den Händen erwies sich als unerträglich. Bei einem ihrer Besuche in Amerika arbeitete sie zum ersten Mal mit Acrylfarben und fand hiermit nach den Aquarellen ihr Element: frische, klar zu definierende Farben, die ganz ihrem Temperament und ihrer Spontaneität entsprechend schnell trockneten und sich wieder übermalen, verändern und vertiefen ließen. Sie nahm an Kunstkursen und Künstlerprogrammen in Wien und Berlin teil. New York wurde für sie aus privaten und beruflichen Gründen zweite Heimat. Es begann eine Zeit leidenschaftlicher Kreativität, ein Suchen nach immer neuen Themen sowie nach einer Intensivierung der Darstellung durch differenzierte Farbtöne und einer perspektivischen Vertiefung durch wiederholtes Überma-

Wüste – Jordanien, 1983, Kreide auf Papier, 60 × 75 cm

Jerusalem, ca. 1982, Skizze, Filzstift auf Papier, 30 × 22 cm

len. Noch heute kann man sie oft nachts im Atelier finden und an einem Bild arbeiten sehen, das sich tags zuvor einer glücklichen Lösung widersetzte.

Gründliche künstlerische Ausbildung, Jahrzehnte der handwerklichen Routine, lange im Kopf gereifte Bilderwelten und die Erfahrungen eines schon damals reichen Lebens fanden in diesem schnell sich ausweitenden Werk zusammen, um von den Wundern der Natur und der Faszination zivilisatorisch-architektonischer Leistungen, von Lebensenergie und bewältigten Dramen, von Spannungen, die sich in Harmonie auflösen, und von vereinten Gegensätzen zu künden. Um trotz alledem, gegenständlich wie abstrakt, Freude zu vermitteln, Elan und Zuversicht, eben die Botschaft von einem reichen und erfüllten Frauenleben. Und auch diese so positiv aufgeladene Sendung der reiferen Wilma Wiegmann fand ihre Empfänger und damit die verdiente Verbreitung – oder, um bei den Gartenblumen zu bleiben: Die Saat ging aufs Schönste auf, blühte wunderbar und trug reiche Früchte.

Ihr Lebenselixier gleich nach der Kunst und der Familie bleiben ihre „Bilderfreunde", ein bis heute wachsender, aus allen Alters- und Berufsgruppen zusammengesetzter Kreis von Kunstinteressierten und Sammlern, die oft zu engen Freunden wurden. Sie vervollständigen das reiche Werk durch ihre kontinuierliche Rezeption, Auseinandersetzung, Bewunderung und durch die eigene Bereicherung bei der Betrachtung eines Wiegmann-Bildes.

Roussillon, 1966, Acryl auf Holz, 72 × 104 cm

Yellowstone Park, Schwefelquellen – Tote Bäume, 1976, Acryl auf Leinwand, 70 × 90 cm

Mediterran, 1974, Acryl auf Leinwand, 90 × 100 cm

New York City, 1966, Öl auf Holz, 46 × 62 cm

Ägypten – Tal der Pyramiden (Gizeh), 1978, Acryl auf Leinwand, 90 × 100 cm

Marokko, 1979, Acryl auf Leinwand, 40 × 50 cm

118   **Judas,** 1996, Acryl auf Leinwand, 170 × 100 cm

Der Weise – Ägypten, 1983, Acryl auf Papier, 72 × 52 cm

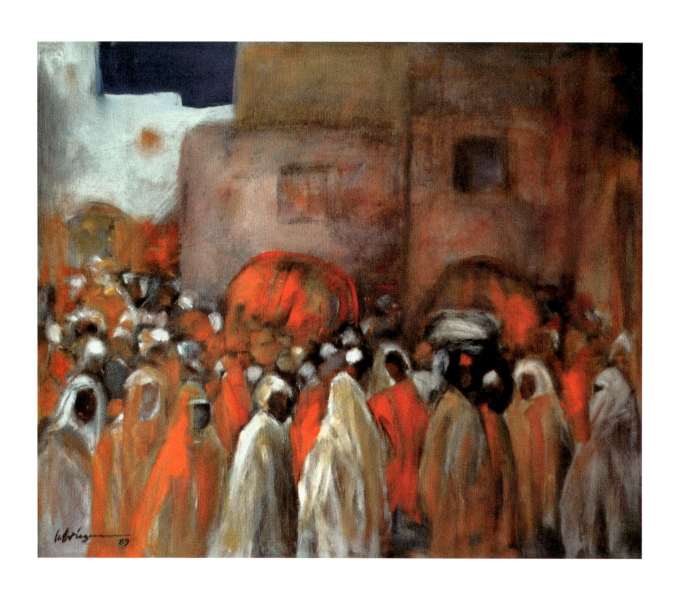

Marokko Markt, 1989, Acryl auf Leinwand, 90 × 110 cm

Peru – Kirchgang, ca. 1980, Acryl auf Leinwand, 26 × 21 cm

Peru – Auf dem Weg zum Markt, 1981, Acryl auf Leinwand, 102 × 92 cm

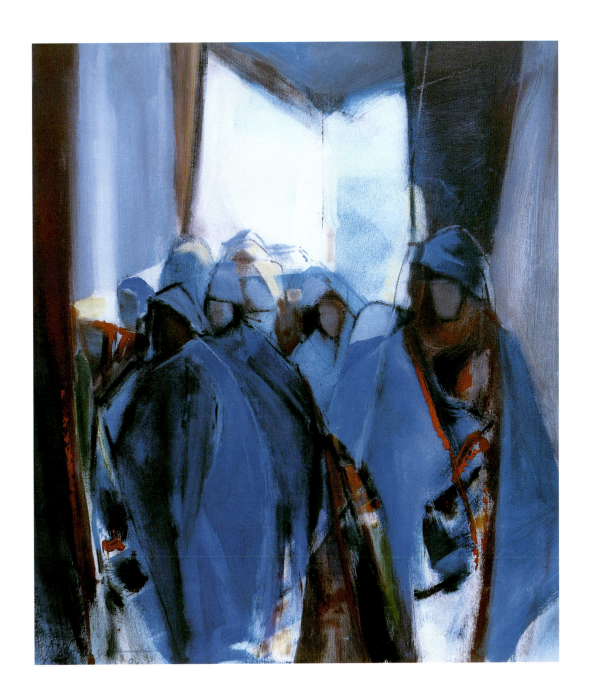

Marokko – Im Souk, 1981, Acryl auf Leinwand, 80 × 70 cm

Serenity/Stille (Nordlicht Reihe), 1986, Aquarell, 64 × 100 cm

Lebensdaten

Geboren am 28. November 1913 in Bielefeld.

Ausbildung an der Werkkunstschule Bielefeld bei Prof. Kraft (Malerei und Grafik) und bei Prof. Rickert (Bildhauerei). Weiterbildung nach 1965 durch Kunstkurse und Künstlerprogramme in Wien und Berlin. Ausgedehnte Studienreisen im Nahen Osten, in Europa, Nordafrika, Zentral-Amerika, Südamerika, Kanada und den USA.

Frühe Arbeiten umfassen Porzellanmalerei, Aquarelle und Zeichnungen, Wandmalerei und Mosaiken im Bereich Kunst am Bau. Beschäftigung mit Collage, Ölmalerei und Skulptur. Materialien: Acryl, Aquarell, Kohle, Kreide; seit 1966 bevorzugte Technik: Acryl auf Leinwand.

Zahlreiche Einzel- und Gemeinschaftsausstellungen im In- und Ausland. Berlin, Bremen, Essen, Frankfurt und Bielefeld sind einige Stationen des Präsentationsradius. 1967 erste Ausstellung in New York City. Seit 1986 eigene Galerie in Bielefeld mit Dependance in New York. Ihre Bilder befinden sich im öffentlichen Besitz und in zahlreichen Privatsammlungen in Europa, den USA und Kanada.

Im Rahmen Kunst und Architektur entstanden Auftragsarbeiten für öffentliche Gebäude, wie 1992 für Telekom in Frankfurt. 1997 wurde das große Glasfenster in der Waldfriedhofskapelle in Steinhagen fertig.

Wilma Wiegmann lebt und arbeitet in Bielefeld. New York City ist seit 1970 ihr zweites Zuhause. Internetadresse: www.wilmawiegmann.com